Levon Coutinho

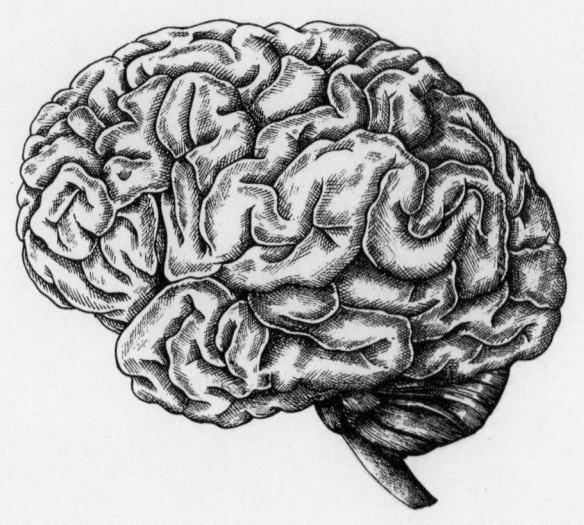

TRANSFORMAÇÃO PLENA

Reflexões para curar, aliviar
e impactar sua vida

Em memória de Lucila de Araújo,
pois revelou-me a beleza contida
nas mais simples e despercebidas
coisas da vida. Que a sua alegria,
que costumava contagiar a todos ao
redor, se torne eterna, amém.

© Levon de Araújo Coutinho, 2024
Todos os direitos desta edição reservados à Editora Labrador.

Coordenação editorial Pamela J. Oliveira
Assistência editorial Leticia Oliveira, Jaqueline Corrêa
Projeto gráfico Amanda Chagas
Diagramação Estúdio dS
Capa Fábio Oliveira
Preparação de texto Lucas dos Santos Lavisio
Revisão Laila Guilherme
Ilustrações Suzaelen Soares

Dados Internacionais de Catalogação na Publicação (CIP)
Jéssica de Oliveira Molinari - CRB-8/9852

Coutinho, Levon de Araújo

Transformação plena : reflexões para curar, aliviar e impactar sua vida / Levon Coutinho. – 1. ed.
São Paulo : Labrador, 2024.
128 p. ; il.

ISBN 978-65-5625-491-3

1. Máximas 2. Aforismos e apotegmas 3. Motivação I. Título

23-6627   CDD 808.882

Índice para catálogo sistemático:
1. Máximas

Labrador

Diretor-geral Daniel Pinsky
Rua Dr. José Elias, 520, sala 1
Alto da Lapa | 05083-030 | São Paulo | SP
contato@editoralabrador.com.br | (11) 3641-7446
editoralabrador.com.br

A reprodução de qualquer parte desta obra é ilegal e configura uma apropriação indevida dos direitos intelectuais e patrimoniais do autor. A editora não é responsável pelo conteúdo deste livro. O autor conhece os fatos narrados, pelos quais é responsável, assim como se responsabiliza pelos juízos emitidos.

SUMÁRIO

🌿 7 🌿
Introdução

🌿 9 🌿
Capítulo 1: Plenamente confiante

🌿 21 🌿
Capítulo 2: Plenamente consciente

🌿 37 🌿
Capítulo 3: Plenamente imperfeito

🌿 49 🌿
Capítulo 4: Plenamente satisfeito

🌿 63 🌿
Capítulo 5: Plenamente alerta

🌿 81 🌿
Capítulo 6: Plenamente grato

🌿 95 🌿
Capítulo 7: Plenamente amado

🌿 115 🌿
Capítulo final: Plenamente transformado

DIANTE DOS NOSSOS MEDOS E FRACASSOS,
DEUS PERMANECE INABALÁVEL NA REGÊNCIA
DA HISTÓRIA DOS NOSSOS DESTINOS.

INTRODUÇÃO

É com imensurável alegria que apresento céleres reflexões ao longo das páginas subsequentes.

São temáticas importantes e profundas, mas gostaria, de algum modo, de transmiti-las com leveza e alegria, se possível for.

A vida aí fora já está dura o bastante, não é mesmo?

Não nego que alguns conselhos soam tão belos enquanto florescem nas plásticas paisagens de um livro; difícil, porém, é alcançar uma prática satisfatória.

Coloco-me como exemplo. Tenho uma viagem para o continente africano dentro de exatamente vinte dias e estou muito ansioso em relação ao tempo hábil para finalizar este conteúdo. Fui posto à prova. Xeque-mate.

Talvez essa seja a melhor hora para recorrer aos ensinamentos e aprendizados propostos aqui. Podemos começar?

Assim lhes faço o convite para uma leitura pausada e contemplativa, concentrando-se para descobrir as lições por detrás de cada palavra.

Não se apresse na sua análise. Esse não é um livro de texto corrido. Cada elemento, cada frase, cada parágrafo foram pensados para, de algum modo, tocar o seu coração.

Certos discursos parecem de fato distantes da prática, mas entendo que é nosso dever trabalhar para encurtar esse espaço. Ou seja, aplicar com maestria todo conhecimento e toda sabedoria que resultem em uma qualidade de vida mais elevada.

Que algumas verdades possam trazer despertamento em sua vida e — por que não? — uma transformação plena!

Com enorme e contundente satisfação,

Levon de Araújo Coutinho
Barretos, São Paulo, 12 de abril de 2023.
Quase duas horas da manhã.

CAPÍTULO 1:

PLENAMENTE CONFIANTE

O conceito de confiança está diretamente relacionado com a aceitação do momento presente.

Você pode não compreender todas as variáveis, mas está convicto e confiante de que esse é o exato lugar onde deveria estar.

A confiança caminha lado a lado com a fé.

Ambos os termos revelam uma intrínseca conexão com Deus, e sua soberania ante todas as coisas.

Confiar em Deus não é como se jogar de um avião, com uma mochila nas costas, sem saber se há ou não um paraquedas dentro.

Confiar em Deus é como andar sobre as águas agitadas, sabendo que Ele permanece ali, todo o tempo, cuidando de você.

Pedro caminhou obstinado sobre as águas, enquanto seus olhos permaneceram fitos em Jesus. Ao desviar sua atenção para a tempestade, logo afundou.

Caminhar sobre as águas significa, por vezes,
confiar na voz daquele que te chamou.
Por mais insalubre que o caminho
se revele, avance.
É Deus quem cuida de você!

Em meio à tempestade, ressoa a
voz do Mestre dos Mestres:
— Homem de pouca fé, por que temes?

A vida se torna mais leve quando eu aprendo
a confiar integralmente em Deus.

É necessária uma mente tranquila e serena
para observar as flores pelo caminho.

Uma mente tranquila é resultado de
uma noite de sono reparador.

Pensamentos em excesso são prejudiciais: esgotam as nossas forças e dissipam as nossas energias.

Uma mente excessivamente pensante não está trabalhando em sua funcionalidade natural.

Bons resultados podem parecer satisfatórios, mas o verdadeiro aprendizado acontece ao longo do processo.

Quando as luzes dos holofotes estão direcionadas para a linha de chegada, esquecemo-nos da importância do trajeto.

É em meio ao percurso que se escondem as mais belas paisagens.

Gratidão é o resultado da transformação do seu olhar. Seus olhos agora estão cheios de luz, e não mais trevas.

"Os olhos são a candeia do corpo. Se os seus olhos forem bons, todo o seu corpo será cheio de luz."

Mateus 6:22

O remédio mais eficiente para uma
vida plena e abundante começa com
um coração repleto de gratidão.

Mesmo em meio à tempestade, é possível
contemplar um admirável beija-flor.

Quando a sua convicção não for
suficiente para vencer a crise, deposite
sua confiança no socorro de Deus.

A nossa fé é falível, mas a graça
de Deus nunca falha.

"Deus é o nosso refúgio e a nossa fortaleza,
auxílio sempre presente na adversidade."

Salmos 46:1

Vivemos tal como um malabarista de circo: lidamos com o medo e a coragem, a dor e o amor, a indecisão e a fé, a desilusão e o júbilo, a descrença e a confiança.

Viver plenamente confiante significa reconhecer que nem todos os seus planos terão sucesso, e que nem todos os seus sonhos se realizarão, mas que todos esses eventos podem contribuir para o seu crescimento...

A mesma ilha que causou o seu naufrágio pode ser a ilha da oportunidade.

Os propósitos de Deus são soberanos, nada poderá impedi-los.

Todo ser humano possui erros e acertos, defeitos e qualidades.

Enxergar os acertos sobressalentes aos erros requer maturidade e sabedoria.

Um bom líder incentiva os seus liderados reforçando os seus comportamentos positivos.

Existe uma lacuna entre o que sabemos
e o modo como vivemos.

Reduzir essa lacuna pode levar uma vida inteira,
mas é a jornada mais espetacular da humanidade.

A verdadeira transformação começa quando
tomamos consciência dos nossos próprios
pensamentos, sentimentos e comportamentos.

Você sabe o que é inteligência espiritual?

Inteligência espiritual é saber a vontade de Deus e
viver uma vida para o Seu inteiro agrado, frutificando
em toda boa obra e crescendo no conhecimento d'Ele.

Mesmo em meio a uma forte tormenta, o nosso
coração é teimoso e não se volta para Deus.

Veja o exemplo de Jonas. Foi preciso perder
tudo e estar dentro do ventre do grande
peixe para que se arrependesse e orasse.

Às vezes é necessário esgotar até o último
recurso da Terra, para que o nosso coração se
volte para os recursos infindáveis dos céus.

Uma vez perguntaram ao cantor Bob Marley:
— Você é um homem rico? Tem muitas posses?

Ele respondeu:

— Ser rico é ter muitas posses?
Eu sou rico porque tenho vida.

Olhando pela ótica materialista, o sucesso de alguém é medido por quantos seguidores essa pessoa tem.

Pela ótica de Deus, o sucesso é avaliado pelo número de pessoas que alguém é capaz de servir.

Às vezes é preciso chuva para se enxergar o arco-íris.

Às vezes são as dificuldades que possibilitam enxergar as grandes oportunidades.

As maiores crises apontam para as melhores oportunidades.

Nos momentos de colapso e declínio, há sempre a chance de colocar os pés na estrada da superação.

Estar plenamente confiante, quando
tudo vai bem, é relativamente fácil.

Estar pleno e confiante, nos momentos
mais melindrosos, quando tudo vai de mal
a pior, é a grande lição a ser assimilada.

A verdadeira maturidade
não está no discurso.

Maturidade é controlar suas reações
mais negativas quando as coisas
realmente saem do controle.

Jesus comprovou a veracidade do Seu
discurso e amou até mesmo aos Seus
inimigos. Reagiu esplendorosamente, com
amor e brandura, à traição de Judas.

Se pretende reconstruir algumas áreas da sua
vida, deve começar por uma atitude interior.

Não enxergue apenas problemas em todas as
situações. Comece a enxergar oportunidades.

O tempo desperdiçado com rancor e negatividade
é o mesmo que poderia ser utilizado para
produzir bons frutos por meio de atitudes
repletas de amor e positividade.

O prelúdio da confiança em Deus é a aceitação
plena da Sua divina e soberana vontade.

Confiar que Deus está no controle não
é tão simples quanto parece...
Confiar no controle absoluto de Deus
implica humildade e sabedoria.

"Confie no Senhor de todo o seu coração e não se apoie em seu próprio entendimento; reconheça o Senhor em todos os seus caminhos, e ele endireitará as suas veredas."

Provérbios 3:5,6

"Porque desde a Antiguidade não se ouviu, nem com ouvidos se percebeu, nem com os olhos se viu um Deus além de ti, que trabalha para aquele que nele espera."

Isaías 64:4

Por mais difícil que possa parecer, as maiores dificuldades da vida são uma oportunidade única de crescimento e aprendizado.
Que você seja aprovado nas provas mais complexas do percurso chamado existência.

CAPÍTULO 2:

PLENAMENTE CONSCIENTE

O estado de consciência plena é definido pela nossa habilidade de estarmos totalmente presentes.

Estar plenamente consciente é tomar a decisão de viver apenas o agora.

Vivemos prisioneiros das preocupações futuras. Trata-se de um sono profundo em que a grande maioria está imersa.

A consciência plena se desenvolve a partir do momento em que desperto para o exato momento presente, libertando-me da constante e intransigente obsessão pelo futuro e pelo passado.

Trata-se de um treinamento em reconhecer os seus próprios pensamentos e a não identificação com parte deles.

Os nossos pensamentos são abastecidos pela atenção que lhes entregamos. Se o nosso foco está no momento presente, é possível romper com o ciclo permanente das ambições futuras e dos arrependimentos passados.

Concentre-se.
Você seria capaz de brindar alguém com atenção plena?

Vivemos como viajantes do tempo e esquecemos como permanecer com os pés calçados no exato momento presente.

Toda proposta de autoconhecimento visa, em última análise, a um aumento de qualidade de vida.
Esmere-se na missão de se conhecer melhor!

Pensamentos excessivos consomem todas as nossas energias.
Se estiver mentalmente ocupado, não poderá desfrutar os deleites que a vida pode lhe oferecer.

O paciente diz:

— Doutor, pode me fornecer uma receita eficiente para combater os pensamentos excessivos?

O médico responde:

— Eu bem que poderia lhe prescrever uma, porém ando muito ocupado com os meus próprios pensamentos.

O canto do sabiá nunca está distante.

Sempre que você ouvi-lo, estará no exato momento presente.

Não espere por um tempo distante para reconhecer as dádivas que você possui hoje.

"Você nunca saberá o valor de um momento até que se torne uma memória."

Autoria desconhecida

"Você sente que deveria estar em outro lugar.

Se pudesse estar exatamente onde sempre sonhou, ainda se sentiria no lugar errado.

Se você se concentra onde deseja estar, não aproveita ao máximo onde você já está."

Extraído do filme *Passageiros*.

Que você desperte para estar presente nos estágios mais importantes da sua vida. Que você desperte para vivenciar o hoje, exatamente aqui e agora.

Somente você poderá desfrutá-lo. Ninguém mais em seu lugar. Que o desfrute seja com alegria e satisfação.

Esqueça o passado, desapegue-se do futuro. Olhe atentamente ao seu redor. Existe alguém mais feliz do que você neste exato momento?

Os compromissos importantes, uma reunião, um jantar ou uma festa, desviam nossa atenção enquanto esperamos chegar o horário previsto do evento. Passamos horas do nosso dia imaginando como tudo sairá, programando os acontecimentos futuros nos mínimos detalhes.

Pois afirmo que não deveríamos proceder de tal modo. Cada segundo, cada minuto, cada acontecimento ao longo do dia é único e especial, e deveríamos vivenciá-los conscientes da sua singularidade.

Existem eventos muito mais agradáveis em nossa imaginação do que na realidade.

A escolha da roupa pode ser mais divertida do que a festa de casamento, a escolha de um destino de férias mais empolgante que o próprio destino, a decisão de cada palavra de um livro mais surpreendente que o próprio livro editado.

Desprenda-se dos seus conceitos: existem superficialidades em que a grande maioria está navegando sem se dar conta.

Desperte-se do sonho do amanhã e ressignifique o presente momento com todo o valor que lhe é devido.

Soou um alarme de emergência. É tempo de aprender a apreciar o trajeto, e não mais a linha de chegada.

Atenção plena é estar totalmente presente, livre das algemas do passado e desprendido das falcatruas do futuro.

Ruminando o passado, ou ansioso pelo porvir.
Os seus pensamentos não costumam
ser criativos, concorda?

A verdadeira mudança só ocorre quando
você se convence de que os velhos hábitos são
nocivos e então decide não os tolerar mais.

Mudanças requerem treinamento,
perseverança e resiliência.

Mas, sobretudo, muita paciência.

Mudanças verdadeiramente significativas
não acontecem da noite para o dia...

Você nunca mudará sua vida até mudar os seus hábitos diários. O segredo do sucesso está escondido na rotina.

"Sucesso é a soma de pequenos
esforços repetidos dia após dia."

Robert Collier

Não há nada mais sublime do que o homem que se arrepende dos seus caminhos tortuosos e passa por uma verdadeira transformação.

Comparar-se o tempo todo não traz benefício nenhum.

Um barco à vela pode levar minutos para fazer uma conversão.

Um megacruzeiro pode levar até mesmo horas...

Estamos falando da mesma conversão, e ambos alcançam o mesmo destino.

Deus está trabalhando em sua vida, no tempo d'Ele, da maneira d'Ele, para os santos propósitos que Ele mesmo já designou. Creia.

Pessoas com pouco dinheiro estão sempre preocupadas em como ganhar mais dinheiro.

Pessoas com muito dinheiro estão sempre preocupadas em como resolver todos os seus problemas.

Aumenta-se a lucratividade e multiplicam-se também os problemas.

Jim Carrey, ator e comediante canadense, disse que gostaria que todas as pessoas tivessem a oportunidade de experimentar a fama, o poder, o sucesso e a riqueza que conquistou, pois assim se dariam conta de que esse não é o caminho da felicidade.

Os ensinamentos bíblicos sobre dinheiro são verdadeiras preciosidades:

"Ensina aos ricos deste mundo que não se orgulhem nem confiem em seu dinheiro, que é incerto. Sua confiança deve estar em Deus, que provê ricamente tudo de que necessitamos para nossa satisfação. Dize-lhes que usem seu dinheiro para fazer o bem. Devem ser ricos em boas obras e generosos com os necessitados, sempre prontos a repartir. Desse modo, acumularão tesouros para si como um alicerce firme para o futuro, a fim de experimentarem a verdadeira vida."

Timóteo 6:17-19

Colocar nossa esperança na futilidade das riquezas pode ser comparado a alguém que espera neve num dia quente de verão. Sua esperança será vã.

Jesus ordenou que não andássemos ansiosos em relação às coisas materiais: comida, bebida ou vestimenta. Antes, o nosso coração deveria repousar na provisão diária de Deus.

Devemos andar com foco sempre em Deus, cujo suprimento e auxílio nunca nos deixa faltar.

"Nosso dinheiro até podemos perder, mas o nosso tesouro estará salvo."

Charles Spurgeon

O dinheiro em si não é algo ruim.
O nosso apego, porém, um veneno mortífero.
A nossa confiança, um ledo engano.
O nosso amor, a raiz de todos os males.

O dinheiro, no entanto, enquanto em mãos puras e santas, pode servir para abençoar dezenas de milhares de necessitados.

Quanto mais dinheiro, mais possibilidades.
E isso não traz felicidade; pelo contrário,
pode até mesmo aprisionar...

O consumismo é semelhante a alguém
que senta à mesa, termina sua refeição,
mas continua com o estômago vazio.
Você conhece alguém que está sempre consumindo
e jamais se sente satisfeito ou realizado?

"Minha teoria é que, quanto mais as pessoas
têm, mais descontentes estão."[1]
John MacArthur

A ciência já comprovou: usando os seus recursos
para ajudar outras pessoas, você permanece com
o nível elevado do hormônio da felicidade.

---

[1] MACARTHUR, John. *Abaixo a ansiedade*. 1. ed. São Paulo: Cultura Cristã, 2019.

"Nós trabalhamos em serviços que odiamos, para comprar coisas das quais não precisamos, para impressionar pessoas de que não gostamos."

Clube da luta

"O segredo da felicidade não se encontra na busca por 'mais', e sim no desenvolvimento da capacidade para desfrutar o 'menos'."

Sócrates

"Não é o que possuímos, mas o que gozamos, que constitui nossa abundância."

Provérbio árabe

Sol, lua, água, árvore, cachoeira, natureza e a brisa do mar.

São receitas simples, mas produzem pura felicidade!

Quase toda discussão tem início quando alguém se sente injustiçado ou indignado.

Sentir-se indignado significa que você se considera muito digno, a ponto de não tolerar a opinião, a decisão ou o comportamento do seu semelhante.

Pedro, discípulo de Jesus, nos deixa parte do legado do seu Mestre:

"Quando insultado, não revidava; quando sofria, não fazia ameaças, mas entregava-se àquele que julga com justiça."

1 Pedro 2:23

Algumas situações de fato revelam em si grandes injustiças.

Nessas horas é bom lembrar que até as situações mais difíceis permanecem sob o controle absoluto de Deus.

"A aceitação e a entrega existem quando você não se pergunta mais: 'Por que isso foi acontecer comigo?'."[2]

Eckhart Tolle

---

2   TOLLE, Eckhart. *O poder do silêncio*. 1. ed. Rio de Janeiro: Sextante, 2016.

Elogiar verdadeiramente alguém requer uma porção enorme de maturidade e sabedoria. Parte das pessoas lisonjeia com seus lábios e maldiz em seu coração.

Seja sábio. Elogie. Reconhecer as dádivas do seu semelhante é como se olhar no espelho.

E você? Já elogiou alguém hoje?

CAPÍTULO 3:

PLENAMENTE IMPERFEITO

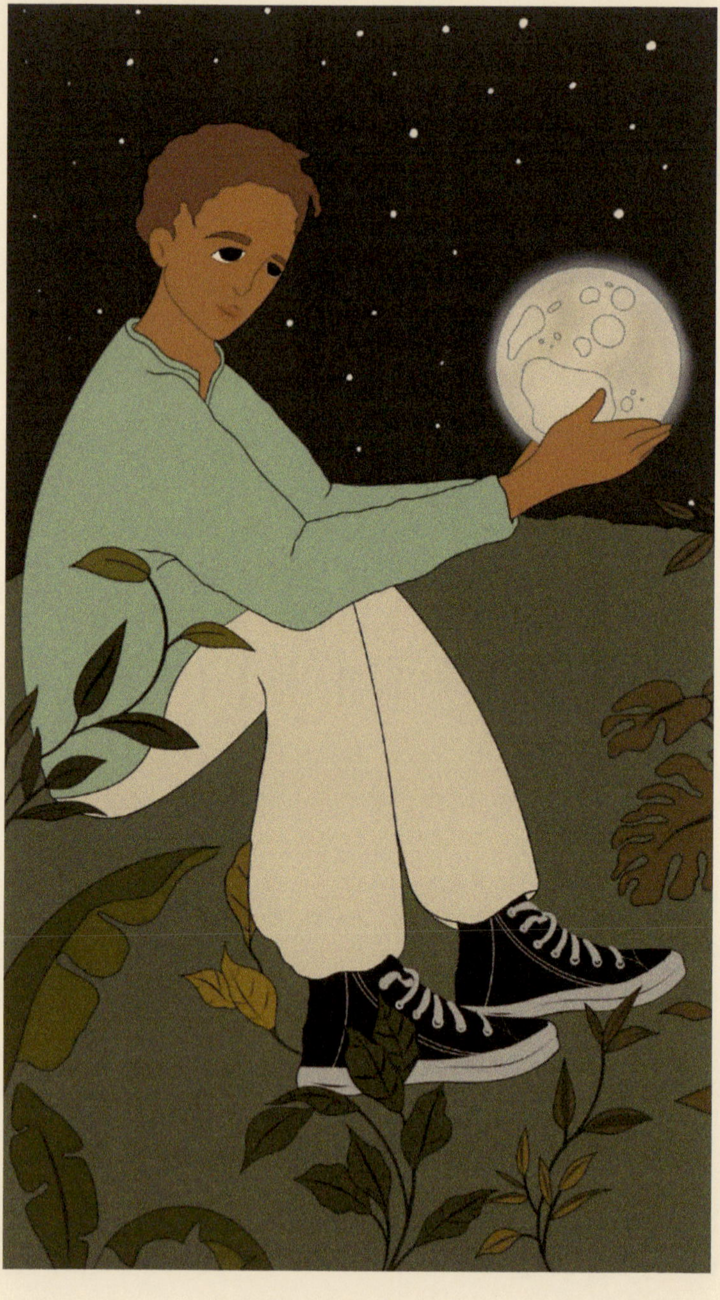

Quem vive esperando que tudo esteja perfeito para agir acaba esperando eternamente.

Quem exige perfeição o tempo todo dará de frente com uma grande decepção.

※

Não se entristeça com comentários e julgamentos alheios. Tampouco mantenha o foco nas suas imperfeições.

Na verdade, estamos todos no mesmo barco furado da vulnerabilidade, navegando nas águas intranquilas da experiência humana.

※

Não potencialize as suas fraquezas, invista sempre nas suas virtudes.

※

Não existe perfeição fora do dicionário. Existem pessoas reais, vivendo vidas reais, enfrentando dificuldades reais.

※

O caminho mais sublime é o caminho da moderação.

Você seria capaz de encontrá-lo?

Se você já aprendeu a caminhar com moderação e equilíbrio nos mais diversos segmentos da vida, por favor, me ensine!

Em algumas situações, é necessário agir rapidamente. Em outras, tudo o que podemos fazer é aceitar, de todo o coração, determinadas resoluções que a vida revelará.

A aceitação é o primeiro passo para uma vida mais saudável e feliz.

Ser pai e mãe exemplar, cônjuge esforçado, ótimo empregado e um exímio empregador. Cuidar dos filhos, dos pais idosos, da casa, do trabalho, das finanças, da igreja, da comunidade, do bairro, da sociedade e do planeta. Não esquecer o planejamento das próximas férias, o cuidado com o meio ambiente, a devoção com os mais carentes e necessitados. Cuidar do corpo, da mente, da alma, da alimentação, dos músculos, da saúde, dos sentimentos e dos pensamentos. Ser justo, bem resolvido, com bom controle emocional, inteligente, próspero, com filhos educados, sempre calmo, compassivo, alegre e grato; sem se esquecer de ser altruísta, honesto, proativo e humilde, tudo ao mesmo tempo. Evoluir como ser humano, ser honrado, reconhecido e aplaudido. Agrupar títulos, diplomas, honrarias e aplausos. No hoje, ser melhor que ontem, e amanhã muito melhor que hoje.

Se você já aprendeu a desempenhar tudo isso com exímia maestria, por favor, me ensine!

"A verdadeira liberdade é não se inquietar com a imperfeição."
Mestre Seng Chan

Por um lado, somos vento passageiro: assim como vapor, ora cá estamos e, de repente, não mais.

Por outro, aquilo que somos de fato, em nossa essência mais íntima, é transmitido para os nossos filhos, e para os filhos deles, e assim por diante... e não morre jamais.

"Minha dor é perceber
Que apesar de termos
Feito tudo o que fizemos
Ainda somos os mesmos
E vivemos
Ainda somos os mesmos
E vivemos
Como os nossos pais."
Elis Regina

Parte da nossa essência nunca morre e é transmitida de geração em geração.

"Nós somos o que fazemos repetidamente. Excelência não é um ato, e sim um hábito."
Autoria desconhecida

— Você tem medo do avanço da inteligência artificial?
— Não, tenho medo do regresso da inteligência humana!

Maturidade é reconhecer que Deus está operando, no tempo d'Ele, da maneira d'Ele, para a glória d'Ele.

Comparar-se constantemente pode trazer muitas frustrações. Será que Deus também não está cuidando de mim nos mínimos detalhes?

Ainda que não veja além da tempestade, nunca é tarde para lembrar que Jesus permanece no barco.

O sentimento de autocomiseração é nocivo e afasta as pessoas.

Ninguém aguenta ficar ao lado de alguém que está o tempo todo se vitimizando.

É sinal de responsabilidade emocional controlar as suas reações nas mais adversas situações da vida.

Na tela da mente, passam pensamentos de todas as formas, tamanhos, cores e sabores. Aprecie.

Escolha uma poltrona bem confortável e observe o fluxo tão intenso dessa avenida cosmopolita.

Mas não se apegue radicalmente a nenhum desses pensamentos. Você não é os seus pensamentos.

Você é um ser fantástico, incrível, único e especial.

Você é um ser fantasticamente esplêndido, criado por Deus, para a glória de Deus.

Cuidado para não manter o foco naquilo que considera como suas características menos valiosas.

Todo mundo tem um talento especial, todos têm aptidões e habilidades. Mantenha o foco naquilo que te impulsiona para a frente!

"Muitos projetos de vida que falharam eram pessoas que não perceberam quão próximo estavam do sucesso quando desistiram."
Thomas A. Edison

A mãe pergunta:
— Como foi o seu dia na escola? Aprendeu tudo?
O filho responde:
— Acho que não, senão não teria de voltar amanhã...

> "Aprender é a única coisa de que a mente humana nunca se cansa, nunca tem medo e nunca se arrepende."
>
> Leonardo Da Vinci

Talvez você seja um excelente matemático. Talvez se apaixone por letras, verbos, advérbios e adjetivos. Talvez seja um ótimo esportista. Ou, quem sabe, o seu grande talento sejam as notas, as escalas, os acordes e as melodias de um piano...

Talvez você se interesse pelas células de uma planta. Talvez seja muito bom no trato com os animais. Ou, quem sabe, se torne um excelente comunicador?!

Talvez seja tão tímido que somente a tela do computador o compreenda de verdade. Ou talvez seja o melhor comerciante de toda a região...

Seja qual for o seu talento, invista nele tempo e dedicação. Nunca deixe de sonhar, tampouco de acreditar. Bem lá no fundo, você sabe exatamente o legado que em breve estará apto a deixar para o bem de todo o universo.

Cuidado com o poder de um hábito. Atenção redobrada com o poder destrutivo de um vício.

Quando um vício se torna um hábito, é melhor pedir ajuda o quanto antes.

O grande dilema de alguém viciado é não se dar conta do seu próprio vício. Ele diz: "Quando quiser, posso parar", mas esse dia nunca chega.

Por vezes o socorro tem de partir de alguém que está fora da situação. Talvez um familiar ou um amigo próximo.

Sempre com cautela e sabedoria. Nunca é tarde para salvar uma pessoa das garras destrutivas do álcool e das drogas.

"Procura a satisfação de veres morrer os teus vícios antes de ti."
Sêneca

Diante do poder de Deus, o cego ganha visão; o surdo, audição; o paralítico, ação; o que está preso em qualquer vício, libertação.

Sabe o que é realmente magnífico?
Continuar se encantando com a vida, apesar da constante irregularidade do trajeto.

A música e a arte estão em todos os lugares. Não é preciso estar nas fileiras de um concerto ou nos corredores de um museu. Aprecie sem moderação.

É no mais profundo silêncio da alma que se contemplam as mais belas tonalidades do manto da experiência humana.

"Deus, concede-me leveza para dançar compassadamente as mais belas canções que retratam o Teu amor.

Concede-me alegria para vibrar ante a Sua presença, e sorrir, deliberadamente, somente pelo fato de que Tu estás comigo."

E você, já orou a Deus pedindo leveza de espírito e alegria interior?

A leveza da alma, a alegria interior e o sorriso contente expressam confiança, na soberania de Deus, ante qualquer situação.

Dance sob a luz do luar.

Sob as águas correntes de uma cachoeira.

Ou sob os respingos gelados de um chuveiro.

Não espere que todo o universo conspire
a seu favor.

Você não se torna egoísta se dançar, apesar
da fome e da miséria no planeta.

Essencial ou periférico?

Onde estou depositando meu
tempo e minhas energias?

Essencial é a essência do amor de
Deus em nossas vidas.

Conscientize-se.

Simplesmente sorria, ao menos enquanto
lhe restam alguns dentes...

CAPÍTULO 4:

PLENAMENTE SATISFEITO

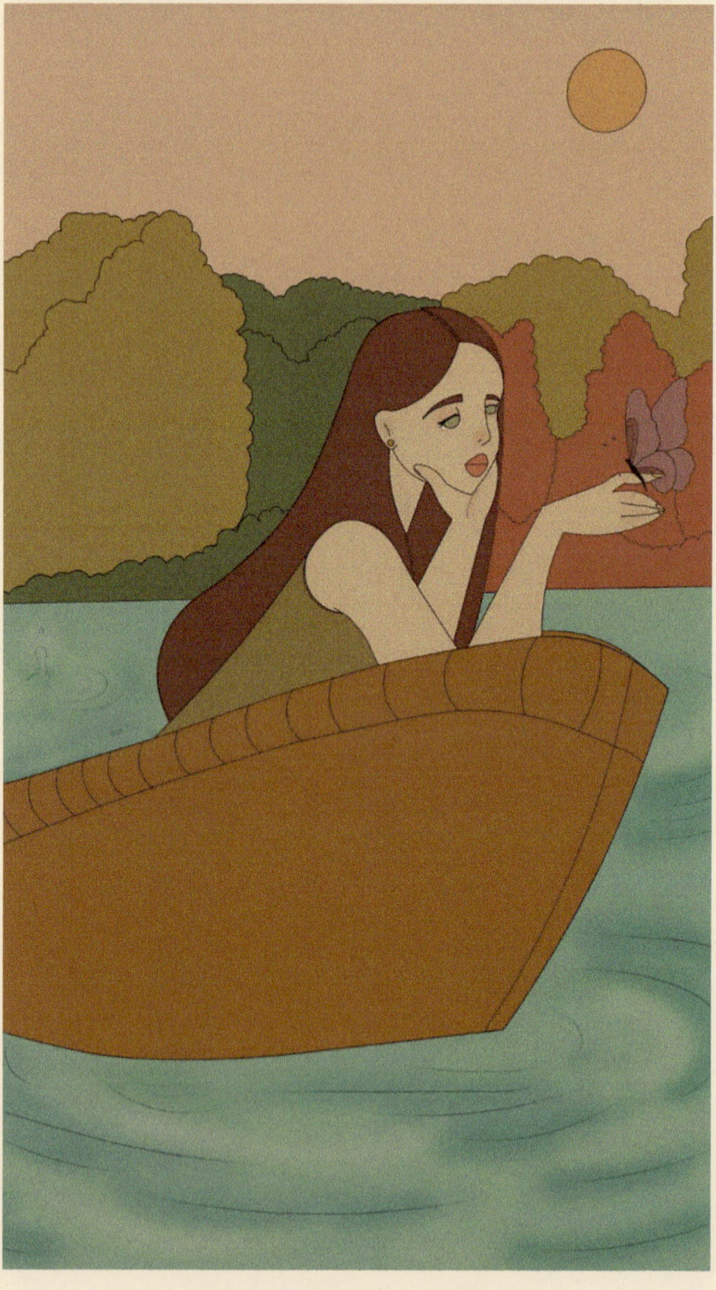

A grande tragédia da humanidade consiste
no fato de buscarmos plenitude em
fontes que jamais poderão nos saciar...

Estamos constantemente insatisfeitos.
Buscamos contentamento em coisas
fúteis, vazias e temporais.

Percorri grandes desertos,
e você não estava ali.

Atravessei densos vales e
tampouco o encontrei.

Subi no topo das grandiosas
montanhas, e ali nada havia.

Por florestas úmidas caminhei, e quem
me dera o teu rosto perseguir.

Cansado, pude, enfim, perceber...
que sempre esteve aqui.

Sucesso é estar plenamente satisfeito em
Deus, pouco importam as circunstâncias.

Absolutamente nada, nem ninguém,
nem coisa alguma poderão substituir a
presença de Deus no coração humano.

⚜️

Há um contraste entre estar parcialmente satisfeito
e a satisfação plena, que emana exclusivamente
da presença de Deus em nossas vidas.

⚜️

"Alguns fariseus perguntaram a Jesus quando ia chegar o Reino de Deus. Ele respondeu: — Quando o Reino de Deus chegar, não será uma coisa que se possa ver. Ninguém vai dizer: 'Vejam! Está aqui' ou 'Está ali'. Porque o Reino de Deus está dentro de vocês."

Lucas 17:20,21

⚜️

Paulo aprendeu a estar plenamente
satisfeito em Deus, fosse no tempo da
escassez ou no período da abundância.

⚜️

"Aprendi o segredo de viver contente em toda e qualquer situação, seja bem alimentado, seja com fome, tendo muito, ou passando necessidade."

Filipenses 4:12,13

As redes sociais são os templos religiosos do século XXI. Adentramos não para adorar aos deuses, entramos para adorar a nós mesmos. Aqui o culto é prestado ao "self", e há um grande sacrifício para alimentar cada vez mais o "ego".

A viagem épica, o carro mais moderno, a peça de grife, os amigos mais entusiasmados, a melhor cadeira no show musical, a melhor balada, o espaço vip mais concorrido.

O decote chama atenção, os músculos saltam para fora. A melhor graduação, a melhor palestra, o melhor ensino, a melhor vocação.

Tem espaço para a natureza também. O sol, o mar, o hotel luxuoso, sorrisos e mais sorrisos, sempre abastecidos por aplausos, visualizações e curtidas.

Pergunto: será que ninguém mais fica doente, e se entristece, e sente ciúmes? Será que ninguém mais surta, ou enlouquece, e adoece, e morre?

Esse mundo de faz de conta, plástico e artificial, está a milhas de distância da vida real, e o pior: tem muita gente confundindo tudo!

São incontáveis, mas contestáveis curtidas.

※ ※ ※

As mídias sociais produzem o sentimento da autoafirmação e do reconhecimento. Os seres humanos sempre foram movidos pela sensação de fama e poder.

Ser reconhecido é se tornar poderoso. Tampam-se suas mazelas e suas fraquezas, expõem-se suas virtudes, como as de um santo.

Narciso continua vivendo dentro de cada um de nós. Duvida? Acessa lá a minha rede social!

※ ※ ※

Retrato da internet moderna:

Muito mestre para pouco aluno.

É muita munição para pouco alvo!

※ ※ ※

Sabe aquele sentimento negativo ao conversar com um filho amado e percebê-lo distante, com olhos fitos na tela de um celular?

Ensine a ele, pelo exemplo, exatamente o oposto.

Sempre que você for solicitado, pare imediatamente de mexer na tela do seu dispositivo e doe-se verdadeiramente para aquela pessoa tão especial.

"Viaje e não diga para ninguém.
Viva uma verdadeira história de amor e não conte.
Viva feliz e não espalhe essa notícia.
Pessoas arruínam coisas bonitas."
Khalil Gibran

"Venha comigo. Nós podemos ir.
Para um paraíso de amor e alegria.
Um destino desconhecido."
Alex Gaudino

Se retirar as manchas pretas de uma girafa, ainda assim seu pescoço continuará comprido demais.

Se encurtá-lo, o problema está em suas pernas, compridas demais.

Se encurtá-las, o problema está no tom da sua pele, amarelado demais.

Se pintá-la de marrom, chegará próximo à aparência de um cavalo (quem sabe), porém o problema agora é que não sabe cavalgar.

Esse é o nosso próprio retrato, sempre focados no problema, não importa a situação.

Identificar a tendência de estar sempre
focado nos problemas pode ser o primeiro
passo de uma grande transformação.

Como um mágico revela o seu encanto, as palavras
de um homem revelam o estado do seu coração.

Parece difícil se lembrar; mas, aonde o
ferro vai, a ferrugem vai atrás.

"Aonde o homem vai, leva sua mala."
Provérbio chinês

Como é agradável estar próximo a uma pessoa
que enaltece as soluções ante os impedimentos.

Ela parte logo para a resolução do problema,
sem tanto lastimar ou murmurar.

Um grande amigo me deu um belo exemplo.

Mesmo se alguém estiver num dia ensolarado no melhor bairro de Paris, procurará uma loja de sapatos e comprará um par com a numeração menor do que a sua. Assim os sapatos ficarão desconfortáveis e terá, então, algum motivo para reclamar.

Retire as listras pretas de uma zebra, e ainda haverá as listras brancas para lhe trazer preocupações.

Não se irrite com a pessoa que está sempre reclamando. Considere que ela está em sofrimento.

Convide-a, sutilmente, a perceber com alegria e entusiasmo o esplendor do pôr do sol, ou a brilhante trajetória das pequenas borboletas amarelas que cruzam o seu jardim.

Ensine-a pelo seu próprio exemplo, reclamando menos e agradecendo mais.

Se você reclama que o seu parceiro está o tempo todo reclamando, já caiu na mesma armadilha!

O mal da humanidade começa com o descontentamento de tudo aquilo que Deus dá.

Gratidão é a resposta para as mais complexas e exigentes perguntas.

"A vida é 10% o que acontece com você e 90% de como você reage a isso."

Charles R. Swindoll

Jamais permita que o seu caráter seja adulterado pelas dores que os outros lhe causaram.

Por onde andar, leve consigo o perdão, o amor e a graça do Senhor Jesus.

"Vocês são a luz do mundo."

Mateus 5:14

As formigas, já se sabe, são um povo muito trabalhador.

Se alguém pisar em seu formigueiro, parte do seu trabalho será destruída imediatamente.

E o que farão? Lá estarão novamente, trabalhando com perseverança.

Algumas situações nos pegam de calça arriada.
Somos imediatamente surpreendidos.

E o que fazer, então? Seguir em
frente, com perseverança.

O desemprego, um acidente, a sentença
do juiz, o parecer médico, uma traição,
uma desilusão, um negócio falido.

E o que fazer? Assim como as formigas,
vamos em frente com perseverança.

Nem tudo está perdido. A última
palavra pertence ao Senhor.

"Não há inteligência alguma, nem conhecimento
algum, nem estratégia alguma que consiga
opor-se à vontade do SENHOR."

Provérbios 21:30

"Paz não é ausência de tempestade.
Paz é saber que Deus continua com você,
mesmo em meio à tempestade."

Hernandes Dias Lopes

Conhece alguém verdadeiramente feliz?

Ele aprendeu a conviver com as
coisas mais que imperfeitas.

Ele não apenas convive, mas também se alegra.

Essa é a sua medida de grande sabedoria.

As pessoas bem-afortunadas
aprenderam simplesmente a ser felizes,
independentemente das circunstâncias...

"— Você teve medo na Guerra do Vietnã?
— Não sei exatamente. Às vezes parava de
chover, e era possível ver as estrelas no céu."

Extraído do filme *Forrest Gump*

Em muitos países africanos, a comida
é escassa, mas a alegria, não.

Qual é o segredo?

Estive recentemente em Uganda, cuja refeição principal é composta de massa de banana-verde com caldo de feijão.

Esse prato pode ser considerado luxo, porque parte da população nem sequer tem o que comer.

E você, já agradeceu o pão nosso de cada dia?

CAPÍTULO 5:

PLENAMENTE ALERTA

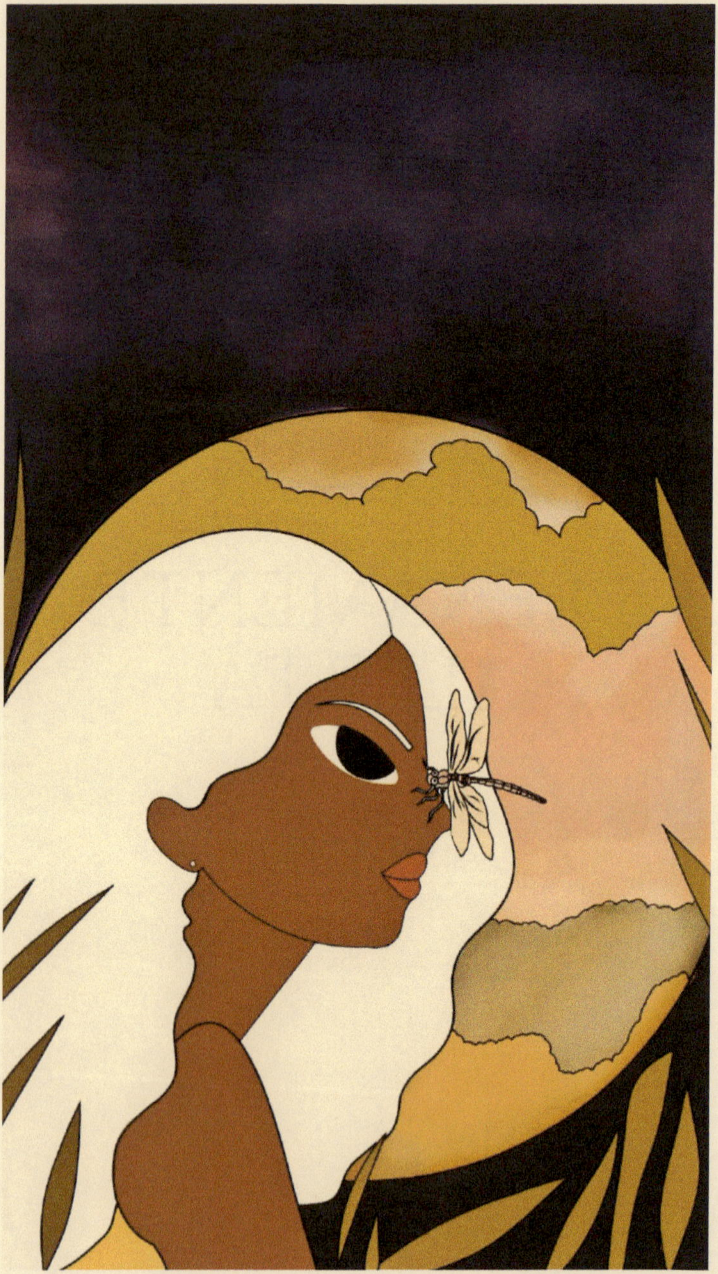

Estar plenamente alerta é estar consciente
do exato momento presente.

༺•༻

Note a sua respiração, os seus batimentos
cardíacos, os seus sentimentos
e os seus pensamentos.

Reconheça a beleza da dádiva da
vida pulsando em suas veias.

༺•༻

"Esteja sempre alerta para a presença
das coisas extraordinárias."

E. B. White

༺•༻

Distraído num turbilhão de pensamentos
e emoções, as crises de ansiedade devoram
rapidamente o esplendor da vida.

༺•༻

Hoje eu decido viver exclusivamente
o agora, desperto do sono do amanhã
e livre das ilusões do passado.

Concentre-se para reconhecer que parte dos seus problemas existe apenas nos seus pensamentos.

O processo aqui é repetitivo, nada criativo. Estamos sempre focados no que não temos e esquecemo-nos daquilo que já possuímos.

Se você resolver um problema, outro surgirá. Trata-se de um ciclo interminável.

O segredo habita em reconhecer nossa tendência a sempre criar tantos problemas.

"O inimigo da paz de espírito são as expectativas impostas a você pela sociedade."

Frase "perdida" na internet

"A medida da inteligência é a sua habilidade em mudanças."

Albert Einstein

Não são apenas os fios grisalhos que
apontam para a maturidade.

Você pode estar amadurecendo quando percebe que...

Sua casa tem potencial para ser mais
confortável que um hotel luxuoso.

Um carro caríssimo ou um carro popular
podem fazer o mesmo trajeto.

O celular de última geração já
não parece tão atraente.

As poucas e verdadeiras amizades valem
muito mais que dezenas de aplausos.

As opiniões alheias pouco importam.

O seu bem-estar vale mais do que estar
presente naquele evento por obrigação.

A saudade dos pais e dos avós se alterna
com um sentimento de gratidão pelo
legado que lhe entregaram.

O conforto e a segurança que somente a família
podem dar é comparável aos mais preciosos rubis.

Tudo isso me parece de tal importância
como os recém-chegados fios grisalhos...

Eu te desejo boa sorte.

Ou talvez deseje uma boa preparação, seguida
de uma magnífica oportunidade de ação!

"Onde as necessidades do mundo e os seus talentos se cruzam, aí está a sua vocação."

Aristóteles

Se aprendêssemos a observar, por um instante somente, livres de rótulos e julgamentos, então veríamos a beleza oculta por trás de tudo o que está ao nosso redor...

Você seria capaz de compreender que as pessoas do seu convívio diário não são exatamente um impasse em sua vida, e sim a sua maior e mais sublime oportunidade de crescimento?

A pergunta não se resume em ser ou não ser. Mas crer ou não crer, eis a questão.

"Porque vivemos por fé, e não pelo que vemos."

2 Coríntios 5:7

"Para ser sábio, é preciso primeiro
temer a Deus, o Senhor."

Provérbios 9:10

Milagres acontecem todos os dias.
E você, já acordou no dia de hoje?

"Todo mundo é ateu até o pitbull pular o muro."
Reverendo Augustus Nicodemus

A pergunta que deveríamos fazer não é "quem mexeu no meu queijo", e sim "quem mexeu no meu tempo de inércia"?

Afinal, quando aconteceu e quem autorizou que alterassem o funcionamento normal da cognição das pessoas, provocando uma verdadeira avalanche de informações e estímulos?

Não é à toa que tantas pessoas estão deprimidas, pois sua mente foi exposta a uma quantidade drástica de estímulos, e agora não conseguem se satisfazer e regenerar, tampouco encontram equilíbrio na velocidade natural da vida humana.

Quando meu pai adoeceu, fui visitá-lo no hospital. Encontrei-o, para minha surpresa, muito preocupado com algumas contas e pagamentos da sua empresa.

Pouco tempo depois, ele veio a óbito. Talvez houvesse mais coisas com as quais se preocupar em um momento como aquele, mas os seus pensamentos o guiaram cativo por uma área que estava habituado a frequentar.

Depois que partiu, assumi parte do seu trabalho e então me dei conta de como a minha própria cabeça insiste, constantemente, em estar preocupada com dilemas relacionados ao trabalho e ao dinheiro.

A finitude da vida e da experiência humana parece irrelevante quando se tem tantos boletos para pagar no dia seguinte.

Para onde os seus pensamentos costumam te levar? Algo parecido com uma prisão escura e insalubre, ou para um jardim ensolarado e repleto de flores?

Observe os seus pensamentos. Eles costumam realizar trajetórias internas muito semelhantes. Veja se está identificado com pensamentos negativos e nocivos.

"Pensamentos não são um problema em si.
Mas se identificar com eles de forma automática e acrítica é, sim, um grande problema."[3]

Bjorn Natthiko Lindeblad

A consciência nos lembra de que somos feitos de pó. Do pó viemos e ao pó retornaremos.

Somos passageiros em uma rápida jornada, assim como o vapor, a brisa do oceano, o sopro do vento, o orvalho do verão e a relva do outono.

Por ora estamos, e já não mais.

Deveríamos, à luz da consciência, avaliar e rever quais deveriam ser de fato nossas verdadeiras prioridades.

---

[3] LINDEBLAD, Bjorn Natthiko. *Eu posso estar errado e outras lições de vida de um monge budista*. 1. ed. Rio de Janeiro: Intrínseca, 2022.

Disseram-me que a inteligência artificial
e o sistema de algoritmos já dominaram
parte da inteligência humana.

Alguém mais duvida?

A propósito, achei belíssimo o carro novo
que o seu algoritmo escolheu, parabéns!

As mídias influenciam diretamente nosso cotidiano. Ao comprar uma roupa, a pessoa se imagina postando uma "selfie". Ao viajar para um lugar paradisíaco, logo imagina como as fotos farão o maior sucesso.

Não seria bom vestir-se para agradar a si próprio e às pessoas que verdadeiramente merecem nossa atenção?

Quem sabe desfrutar um prato apenas
pelo prazer dos sentidos?

Para viver de fato desconectado, conecte-se
com seu interior e aprenda a viver satisfeito,
independentemente dos comentários alheios.

Compartilhe amor, mansidão,
longanimidade, benignidade, paciência,
alegria, domínio próprio, caridade.

Sobre essas coisas, não há condenação.

Se as quedas e as derrotas não trouxeram um grande aprendizado, então foram totalmente inúteis.

Não existe melhor diploma de graduação do que a dor de uma derrota.

※

A vida é sobre como reagir quando nossos projetos falharem.

※

"É genial festejar o sucesso, porém é mais importante aprender com as lições do fracasso."
Bill Gates

※

"Nunca se esqueça das lições aprendidas na dor."
Provérbio africano

※

Um jovem dirigindo um Corolla antigo. Ele o conquistou com seu próprio esforço e trabalho.

Outro se exibe com o BMW zero que pegou emprestado do seu pai.

Qual deles tem mais valor?

Duas situações completamente distintas: o modo como imaginamos o trajeto e como ele realmente é.

Você já reparou na proliferação dos sites de apostas esportivas?

Antigamente, alguém precisava sair de casa e ir até um cassino.

Agora colocaram os cassinos dentro da sua casa, dentro do seu celular, aberto e convidativo vinte e quatro horas por dia.

O que já era perigoso se tornou inevitável.

"Nós, pobres, somos assim, sempre na corda bamba."

Pichado em um muro no centro do Rio de Janeiro

Existem pessoas ricas porém essencialmente pobres.

E pessoas pobres essencialmente ricas.

"O luxo atrai amigos, o sofrimento seleciona os verdadeiros."

Frase "concorrida" da internet

Algumas pessoas dizem:

— Nunca foi sorte, sempre foi corre.

Outros afirmam:

— Nunca foi corre, sempre foi Deus!

Vivemos sob o regime da "meritocracia". Quanto mais méritos, mais aclamação.

Sendo assim, dizer que Deus opera em nossas vidas exclusivamente por graça e misericórdia não é lá uma mensagem muito popular nos dias de hoje...

Alguém reclamou do carro, queria um modelo mais atual.

Alguém reclamou da casa, queria um mais belo quintal.

Alguém reclamou do cônjuge, está muito estressado ultimamente.

Do outro lado do planeta, exatamente
no mesmo instante:

Alguém reclamou do carro, seu
filho foi atropelado.

Alguém reclamou da casa, foi
subitamente inundada.

Alguém reclamou do cônjuge,
fugiu com a nova namorada.

Sempre haverá pessoas em situações
mais difíceis que a sua.

Não reclame, agradeça mais e seja feliz!

Vou propor um desafio. Agradeça por
três coisas simples, porém importantes,
que você possui hoje na vida.

Repita esse exercício pelos próximos trinta dias.

Que grande privilégio ser você!

Lembre-se: você nunca esteve sozinho,
nem um segundo sequer.

No começo amado, depois criticado.

No começo criticado, depois amado.

O pouco para os homens torna-se
muito enquanto com Deus.

Cinco pães de cevada e dois peixinhos foram
suficientes para alimentar uma multidão.

Fazemos planos e estabelecemos metas.
Andamos por aí, convictos de que tudo
se dará exatamente como planejado.

Mas a vida é especialista em
mudanças e imprevistos, alterações
de rota, você sabe como é...

E por que não aceitar quando tudo simplesmente
foge ao controle das nossas mãos?

Gosto de ver a vida como uma
equação de matemática.

Mas a vida vem, prova e comprova que
não é uma simples conta de exatas.

Quando tudo foge ao nosso controle, é bom lembrar que absolutamente nada escapa do controle absoluto de Deus...

Algo que você jamais poderá compreender em sua totalidade:

— Os planos de Deus.

"Muitos são os planos no coração do homem, mas o que prevalece é o propósito do SENHOR."

Provérbios 19:21

O pensamento religioso constrói muros.

Jesus Cristo foi o maior construtor de pontes que a humanidade já conheceu.

Somente Ele nos leva verdadeiramente para Deus.

Se a religiosidade de alguém lhe dá premissas para julgar e maltratar as pessoas, sua religião é vã e inútil.

Quando Deus põe nossa fé à prova, Ele quer nos ensinar algo precioso.

Talvez um grande milagre esteja batendo à porta, não é mesmo, Felipe e André?

Uma grande multidão será alimentada.

Uma pessoa que passa por cima de tudo e de todos para alcançar suas metas está estritamente presa ao seu grande ego.

Razão e fé são contraditórias?

Se considerarmos Deus e realidade uma coisa só, então razão e fé não podem ser contraditórias.

Há um conceito que diz: "Não espere socorro de ninguém, você é cem por cento responsável pela sua própria vida".

A Bíblia diz: "Elevo os meus olhos para os montes; de onde me vem o socorro? O meu socorro vem do Senhor, que fez os céus e a terra."

Salmos 121:1,2

Dependa totalmente de si, ou se entregue totalmente a Deus.

CAPÍTULO 6:

PLENAMENTE GRATO

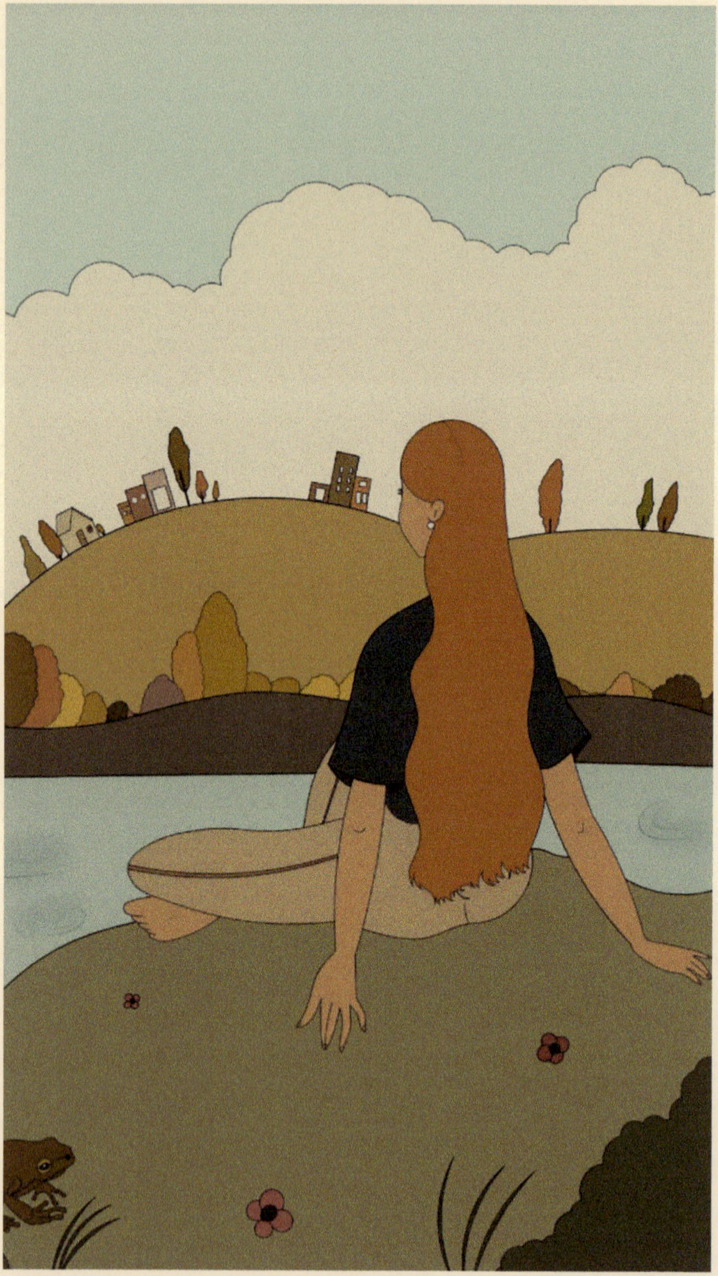

A gratidão começa por meio de um olhar iluminado para uma determinada situação e logo se expande para todas as áreas da sua vida.

Simplesmente agradeça mais e reclame menos...
Uma infinitude de portas se abre quando procedemos assim!

O seu maior problema é desejar uma vida livre de problemas.
Transforme sua mentalidade.
Não peça por um percurso sem obstáculos; peça sabedoria e resiliência para continuar sempre em frente.

Dizem por aí que os problemas só existem na nossa cabeça.
Todas as situações "estão aí" para serem vivenciadas, sejam mais ou menos complexas...
Esse, sim, é um conceito "osso duro de roer"!

"Sua missão na vida não é viver sem problemas, e sim estar sempre motivado."

Andrew Matthews

"De todos os lados somos pressionados, mas não desanimados; ficamos perplexos, mas não desesperados; somos perseguidos, mas não abandonados; abatidos, mas não destruídos."

2 Coríntios 4:8,9

"Promessa de Deus e realidade são uma coisa só."

Hernandes Dias Lopes

Longanimidade é a resposta quando o processo parece maior do que esperávamos.

Gratidão é a resposta quando nosso coração está endurecido e frio, tal qual uma gélida noite no Ártico polar.

Estávamos perdidos e fomos encontrados. Essa é a mensagem do verdadeiro Evangelho.

Coloque os seus óculos de sol. Vista sua melhor camisa florida. Use filtro solar. Alegre-se, vibre, pule, dance, agradeça.

Os problemas estão sempre por aí. Não deixe que o paralisem por completo...

À medida que envelhece, a tendência é surgirem novos desafios.

O que fazer?

Ame-se, ame a Deus, creia em Deus, caminhe por fé, grite bem alto para o mundo todo ouvir: "Em frente sempre, porque Deus está comigo...".

Você quer ser único? Busca singularidade em meio à multidão?

Eis uma receitinha: basta não acessar o seu celular na sala de embarque do aeroporto, e você se tornará um em um milhão.

A esposa está angustiada: com tantas opções no seu closet, fica difícil escolher o melhor traje.

O marido, perspicazmente, afirma:

— Se você tivesse somente duas calças jeans e uma estivesse na lavanderia, não ficaria tão angustiada na hora de decidir sua vestimenta.

Geralmente a coisa funciona assim: quanto mais opções temos, menos paz sentimos.

É natural sentir-se angustiado na tomada de decisão em meio a muitas alternativas.

"Só uma vez me enganei. No dia em que pensei estar enganado."
Professor Girafales, programa do *Chaves*.

Um amigo me disse:

— Esse negócio de casamento é muito complicado.

Respondi-lhe:

— Você não imagina quanto, e a tendência é só piorar...

Ele retrucou:

— Pelo menos já decidimos o bufê e fizemos a lista de convidados...

Ele estava noivo na ocasião e falava sobre a dificuldade de organizar a festa do casamento.

Só então percebi a bola fora que dei.
Espero que ele não tenha percebido...

Tem um canto da piscina que usualmente acumula sujeira.

Tem um canto em nossa mente que costumeiramente acumula sujeira, ou seja, pensamentos cheios de negatividade.

Como um observador nato, devo perceber os pensamentos que me deixam para baixo.

A chave do sucesso está em não se identificar com tais pensamentos.

Se estamos identificados com baixa autoestima, uma visão negativa de nós mesmos, uma visão pessimista do trabalho, do cônjuge, da família e do futuro, então passamos a viver tudo isso como se fosse realidade.

Lembre-se: você não é os seus pensamentos.

Comece a perceber o fluxo contínuo dos seus pensamentos. Afinal, quantos estão repletos de negatividade e mesquinhez?

Antes de se identificar com qualquer pensamento, simplesmente o deixe partir.

A vida é feita de momentos.

Seja um pescador dos bons e memoráveis momentos, do quais você tem o privilégio de participar diariamente.

Agradeça sempre que possível.

Viver uma vida exclusivamente de bons momentos? Nem nos mais belos romances da Disney.

"A vida é como o jazz. A maior parte é improviso; não se pode controlar todas as variáveis..."[4]

Haemin Sunin

---

4 SUNIN, Haemin. *As coisas que você vê quando desacelera*. 1. ed. Rio de Janeiro: Sextante, 2017.

Seja feliz.

Pouco importa se você está no campo ou na cidade.

Pouco importa se você está em um
barraco ou um em um castelo.

Pouco importa se você está pobre ou rico.

Pouco importa se está gordo ou magro.

Pouco importa se está velho ou jovem.

Sinta-se jovem novamente. Agradeça.
Vibre. Enalteça a vida!

Se tiver de se entristecer, que fique triste.
Mas que não dure uma eternidade.

A última estação da jornada chamada
existência logo se aproxima.

Cedo ou tarde, todos haverão de desembarcar.

Por isso, alegre-se! Pouco importam
as circunstâncias...

Hoje é o dia mais especial para celebrar.

"Você não é o seu emprego. Nem quanto ganha ou quanto dinheiro tem no banco. Nem o carro que dirige. Nem o que tem dentro da sua carteira. Nem as calças que veste."

Extraído do filme *Clube da luta*.

Deus usa pessoas, animais, plantas, natureza, relacionamentos, situações cotidianas, situações adversas, circunstâncias culturais, geográficas, climáticas e muito mais, quando o assunto é o cumprimento dos Seus insondáveis propósitos.

O socorro de Deus não está condicionado ao nosso merecimento.

O próprio nome já diz: cuidado para não se enredar com suas redes sociais.

Assim como um jovem acelerando o seu carro, em busca de autoafirmação, coloca sua própria vida em risco, tem muita gente "acelerando" o uso das mídias sociais com propósito semelhante, e adoecendo.

Vi em uma reportagem que as pessoas menos inteligentes são mais felizes.
Elas não são perfeccionistas, não se preocupam em demasia com o futuro e tampouco recordam situações em que foram prejudicadas.

O mais importante: elas se contentam mais facilmente do que pessoas dotadas de muita inteligência.

E por que cargas-d'água são consideradas "menos inteligentes"?

"É errando que se aprende a errar."
Millôr Fernandes

Um surfista demonstra suas habilidades na estação da Central do Brasil.

São surfistas de trem, estão muito longe do mar.

Na Índia e no Paquistão, o surfe ferroviário reduz até a metade do preço da passagem (e do tempo estimado de vida). Não estamos falando da primeira classe, é claro.

Um amigo costumava dizer:

— Vamos aprender a surfar a onda da vida…

Se der vaca, levante-se. Se der *drop*, namore-se, mas com moderação.

A felicidade não está.

Não está nos prazeres sexuais, nas festas regadas a álcool e substâncias tóxicas, na fama dos artistas mais concorridos, no poder dos políticos mais consagrados.

A felicidade não está no trabalho, na obtenção de lucro sobre lucro, no sucesso empresarial.

A felicidade não está na satisfação dos sentidos: do alimento mais sofisticado ao lançamento do último hit do verão.

A felicidade não está, a felicidade simplesmente é.

A felicidade é um estado de corpo, alma e espírito, a partir da quietude dos pensamentos ao encontro da doce, sutil e majestosa presença de Deus.

"Tu me farás conhecer a vereda da vida, a alegria plena da tua presença, eterno prazer à tua direita."

Salmos 16:11

Não há nada mais perigoso do que o sentimento de "merecimento".

"Eu mereço" é a rodovia expressa que leva ao encontro da dor do divórcio e do arrependimento.

Começa sempre assim: "Eu mereço" uma posição mais alta, um cônjuge melhor ou um benefício extra...

O sentimento de "merecimento" caminha
lado a lado com a insatisfação.

Quando penso compulsivamente que mereço
mais, é sinal de que o reconhecimento
do que já possuo anda em baixa...

Trago uma pergunta: o que fizeram com
o nosso tempo dedicado à inércia?

Estamos o tempo todo com o celular na
mão, sendo bombardeados por estímulos e
informações. Ou com o televisor ligado, ou
conectados a algum tipo de dispositivo.

Por ora trabalhando, ou estudando,
ou projetando algo, ou resolvendo
múltiplas tarefas simultaneamente.

Nossa capacidade contemplativa foi
reduzida drasticamente. Nossa capacidade
de "não fazer nada" está em jogo.

Contemplar a arte, o belo, a natureza, o silêncio, os
minutos despretensiosos dos ponteiros do relógio...

Até mesmo o nosso tempo de descanso
foi reduzido a uma tela em mãos.

"A vida sem reflexão é indigna de ser vivida."
Platão

A vida sem oração é semelhante a um
barco à deriva, sem direção.

O diploma, o status social e a conta
bancária não significam nada.
O que realmente importa é o modo como
tratamos os nossos semelhantes.

"Expresse gratidão com palavras e atitudes.
Sua vida mudará muito de modo positivo."
Masaharu Taniguchi

Gratidão é a chave que abre a porta
para a paz de espírito entrar.
Você conhece alguém que está sempre grato por
tudo, não importa o que a vida lhe ofereça?
Essa pessoa adquiriu uma sabedoria incalculável.

CAPÍTULO 7:

PLENAMENTE AMADO

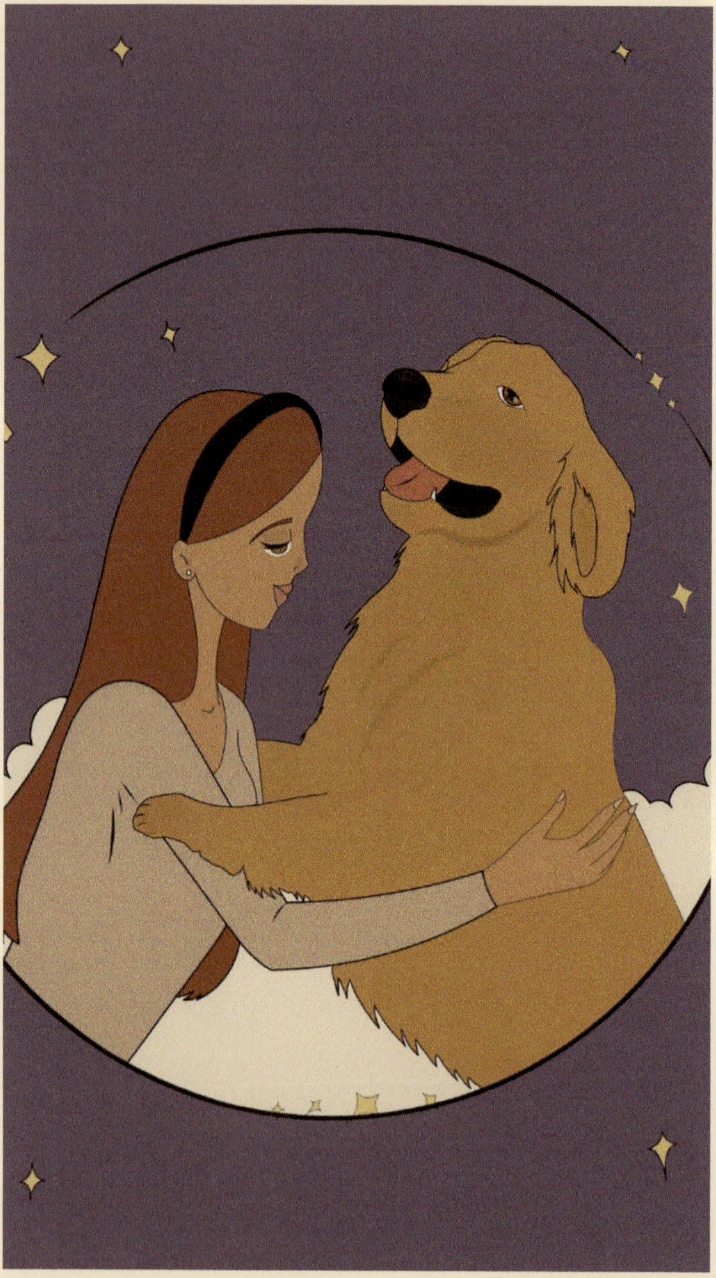

Atitudes repletas de amor expressam a graça de Deus em nossas vidas.

Você já sabe, mas não custa lembrar: o amor não é um sentimento, é uma decisão.

O amor incondicional de Deus é a garantia de que o sol voltará a brilhar, pouco importa o tamanho da tempestade.

Que o tenro amor de Deus transborde hoje no seu coração.

Que o surpreendente amor de Deus silencie todos os seus medos e o impulsione a viver uma vida abundante e satisfatória.

Sinta-se lisonjeado. O amor de Deus é derramado pelo Espírito Santo em nossos corações.

Que esse afeito e cuidado divino sejam expandidos por meio dos seus relacionamentos interpessoais.

O homem pode congratular-se por inúmeras conquistas de cunho pessoal e profissional.

Mas o seu verdadeiro caráter é revelado na maneira como trata filhos e cônjuge.

Que as crises não se tornem justificativa para perder de vista o bom trato com seus familiares.

Por mais cansado e irritado que esteja, lembre-se: vale a pena perdoar e recomeçar, quantas vezes for necessário.

A intolerância magoa as pessoas, especialmente as de dentro de casa.

Deixe de lado o duro trato com quem convive diariamente.

Seja mais tolerante, paciente e entusiasta.

A receita é antiga: tratar o meu próximo da maneira como gostaria de ser tratado.

"— Não sou uma pessoa intolerante, desde que façam tudo da minha maneira..."

Extraído das páginas do jornal

O enfoque bíblico sobre relacionamentos é muito valioso:

"Falem de maneira agradável, elogiem-se." (Provérbios 15:4)

"Estejam sempre prontos para perdoar." (Lucas 17:3,4)

"Trate o outro como superior a si mesmo." (Filipenses 2:3)

"Suportem-se uns aos outros..." (Colossenses 3:13)

"Revistam-se do amor, que é o elo perfeito." (Colossenses 3:14)

De fato, são lições riquíssimas e merecem nossa atenção!

"A medida do amor é amar sem medidas."

Agostinho de Hipona

Uma disposição correta nos relacionamentos começa com um olhar sem julgamentos, críticas ou condenações.

Cultive o amor por meio de um olhar cheio de misericórdia e compaixão para com as pessoas ao seu redor.

Assim como uma árvore cresce e floresce no tempo oportuno, assim é a pessoa que recebe doses de amor, bondade, paciência e atenção.

Você já percebeu o brilho no olhar de quem aprendeu, verdadeiramente, a amar o seu semelhante?
Seus olhos iluminam mais que as muitas luzes de uma cidade inteira!

O amor não é um sentimento. O amor é uma decisão.
Todos os dias eu decido amar, apesar de todas as dificuldades aparentes.

Apaixone-se. Cultive. Perdoe. Suporte. Siga em frente. Renove suas forças.

As muitas águas não poderão apagar esse amor...

O amor é a decisão diária de seguir em frente: seguir em frente no cuidado, no perdão e na compaixão...

A suprema felicidade da vida é ter a convicção de que somos amados.

Estimar alguém significa ter admiração por tal pessoa.

Estamos falando sobre "brilho no olhar" e sabedoria para reconhecer as qualidades alheias.

A baixa autoestima tem início quando permanecemos focados apenas nas nossas "supostas" deficiências.

Os mais jovens são rotulados com os menores níveis de autoestima.

Mas não fiquem desanimados...

Essa é uma fase de inúmeras transformações, e muitos talentos ainda despontarão com força e vigor.

Se alguém disser que você está em boa forma, forte e sarado, responda com honestidade:

— Não vou à academia para ficar em forma ou sarado, vou para não enlouquecer...

Atividade física salva vidas. Pratique!

Um grilo acampou na minha sala de televisão.

Nós nos acostumamos com sua cantoria.

Nem sequer percebíamos o seu cantarolar.

Quando enfim foi descoberto, foi expulso imediatamente de casa.

Foi um verdadeiro alívio assistir à Netflix sem a estridulação do grilo.

Um grilo acampou na sua mente.

Você já se acostumou com ele.

Ele produz pensamentos negativos o tempo todo.

Basta tentar fazer qualquer coisa, e lá está ele, cantarolando, com todo o seu pessimismo.

Então o que fazer?

Descubra o seu esconderijo e mande-o catar coquinho na esquina.

Estar apegado a pensamentos negativos, nunca mais!

Pensamentos negativos são nota zero em criatividade.

Sempre carregam medo da solidão, sentimento de inferioridade, sentimento de vergonha, incapacidade, culpa, ansiedade e ciúmes.

Medo da traição, do desemprego, da doença, de acidentes e, enfim, o medo da morte.

Lance luz sobre os seus pensamentos... observe como vêm e vão... deixe simplesmente o fluxo acontecer...

Não se apegue: pensamentos negativos e realidade são duas esferas totalmente distintas.

Reprograme seu subconsciente.

Perceba que boa parte dos problemas
existe apenas dentro da sua cabeça.

Trabalhe sua capacidade de não identificação com todo
tipo de divisão, medo e ansiedade no seu interior.

Pensamentos vêm e vão. Os sentimentos também.
Aceitar o fluxo que acontece dentro de cada um nós
é estar plenamente consciente da sua totalidade,
complexidade e imperfeição enquanto ser vivente.

Um pássaro assentou-se na minha cabeça.

Estava tão preocupado com essa situação
que agora já não tenho um e sim dois
pássaros assentados na minha cabeça.

Quando nos desgastamos mentalmente
a fim de solucionar um problema,
passamos a ter dois problemas.

É sempre assim: quanto mais pensamos,
menos clareza temos na solução!

A resposta para certos problemas está exatamente na arte de nos desassociarmos deles.

Ver uma situação a um certo grau de distância pode favorecer as posições e as medidas que devemos tomar.

Quando me envolvo sentimentalmente com a resolução de determinada situação, preciso reequilibrar minhas decisões, a partir da lógica e da razão.

Você ouviu uma história muito triste.

Alguém vai lhe pedir dinheiro emprestado.

Se esse alguém não tiver como pagá-lo no período acordado, você ouvirá muitas outras histórias tristes.

Conhece uma pessoa equilibrada?

Ela é parte ação, parte reflexão.

O seu tempo se concentra em atuar e assimilar.

Não existe resposta mais exata, tampouco solução mais eficaz, do que a oração.

Um velho tigre caminhava triste pela savana.
Ele havia perdido a sua bengala, herança do seu avô.

Certo dia seus netos prepararam uma surpresa: presentearam o velho tigre com uma cadeira de rodas de última geração, movida a energia renovável.

Mesmo assim o velho tigre permaneceu triste, pensando sempre na bengala que havia perdido...

Esse é o nosso retrato. Caminhamos cabisbaixos por algo que se perdeu, ou por alguém que o tempo insistiu em levar, para sempre, de nossa história.

Olhando para trás, fica realmente difícil contemplar a formosura das hortênsias ao nosso redor.

Quem fica preso às glórias do passado se esquece de celebrar as conquistas do presente.

Quando Deus nos coloca à prova, é para provar que Ele é suficiente.

Você pode ensinar seus filhos com muita rigidez,
ou, talvez, com muita permissividade.

Melhor seria encontrar um caminho
de equilíbrio e moderação.

Algumas pessoas imaginam que o dinheiro é o
maior legado que se pode deixar para os filhos.

Outras já compreenderam que as verdadeiras
riquezas não são exatamente palpáveis
como uma nota de cem dólares.

O temor a Deus, o amor ao próximo, o respeito com
todas as pessoas, a alegria e o entusiasmo ao longo
dos processos de aprendizado, a força do recomeço
durante as recaídas, os momentos de descontração
sobre a mesa... esses são castelos inabaláveis
construídos na memória afetiva dos nossos filhos.

Não há melhor exemplo do que um pai ou uma mãe
que reconhece os seus próprios erros e encontra
espaço, em um diálogo, para pedir perdão.

O seu cônjuge anda infeliz? Tem reclamado o tempo todo? Está em sofrimento?

Aproxime-se com sutileza e faça esta pergunta:

— O que posso fazer para que se sinta melhor?

Essas são palavras que acalentam até o mais endurecido dos corações.

Para que um canal de comunicação eficiente possa ser estabelecido, alguém deve dar o primeiro passo e baixar a guarda.

Se não tem condições de ser o primeiro a submeter-se, simplesmente se afaste.

"A resposta calma desvia a fúria, mas a palavra ríspida desperta a ira."

Provérbios 15:1

"O falar amável é árvore de vida..."

Provérbios 15:4

Por vezes o silêncio se torna uma douta resposta.

Mas certas palavras têm o poder de grande transformação e edificação para o ouvinte.

Sejam sábias suas palavras, repletas de ciência, sabedoria, edificação e crescimento.

Quão sábias são as palavras que nos aproximam do amor de Deus.

"É preciso coragem para se levantar e falar. Também é preciso coragem para sentar e ouvir."
Winston Churchill

Um relacionamento bem-sucedido acontece nos pequenos tratos diários:

— Bom dia, você dormiu bem?

— Como foi o seu trabalho hoje?

— O que posso fazer para tornar o seu dia mais feliz e especial?

Comece em você a mudança que espera no outro. Essa é uma receita de sucesso!

O que caracteriza um lar não é o padrão da casa, e sim a harmonia entre os familiares.

Se os nossos relacionamentos fossem de fato bem nutridos com amor, perdão, paciência, bondade e sujeição, definitivamente não haveria mais espaço para as lágrimas, os desentendimentos e as decepções.

Um pouco de lama, uma bola rasgada e maltrapilha e uma camiseta branca toda encardida.
Essa é a melhor receita para uma infância feliz.

Tempo de qualidade ou dezenas de presentes? O que você acha que fará a diferença no futuro dos seus filhos?

Quando você para o que está fazendo, para ouvir e tentar, de alguma maneira, compreender a dor e a necessidade do outro, imediatamente um processo de cura se inicia.

Quando as pessoas menos merecem, é quando mais precisam ser amadas.

Iluminação é compreender com mais profundidade a importância da família e a brevidade da vida.

Assim somos transformados: nossas agendas, nossas prioridades, nosso estilo de vida. Tudo se transforma.

"Vivemos a vida como se ela fosse interminável. Mas, entre a meninice e a velhice, há um pequeno intervalo de tempo. Olhe para sua história! Os anos que já viveu não passaram muito rápido?"[5]

Augusto Cury

Se você perdeu totalmente o controle, entregue sua vida nas mãos d'Aquele que tem as rédeas do universo na palma das mãos.

Entregue sua vida totalmente a Deus.

Tenha fé!

---

[5] CURY, Augusto. *Inteligência Socioemocional: ferramentas para pais inspiradores e professores encantadores*. 1. ed. Rio de Janeiro: Sextante, 2019.

Amplie sua visão: você é um
filho amado de Deus.

Pare tudo o que estiver fazendo
neste exato momento.

Reflita. Sinta. Viva. Agradeça.

Agradeça por sua vida, por sua saúde, por
sua família, por seu cônjuge, por seus pais,
por seus filhos e netos, por seu quarto,
por sua casa, por sua comunidade, por seu
alimento, por suas roupas, por seu dinheiro.

Agradeça pelas grandes dificuldades
que a vida já lhe impôs e pelas grandes
tempestades que ainda hão de surgir.

Agradeça porque Deus não desistiu, e não
desistirá de você, e permanece ao seu lado!

Agradeça por sua própria força em não
desistir e tampouco desanimar.

Agradeça simplesmente por sua
consciência de agradecer...

Que toda sorte de gratidão transborde
abundantemente em seu coração.

Desejo que você seja plenamente imperfeito.

E não desanime.

E seja plenamente confiante nos
planos de Deus para sua vida.

E esteja plenamente satisfeito, ainda que
possam lhe faltar algumas coisas.

E seja plenamente agradecido por todas as
outras que a vida lhe permitiu desfrutar.

E se sinta plenamente amado e estimado por Deus.

CAPÍTULO FINAL:

PLENAMENTE TRANSFORMADO

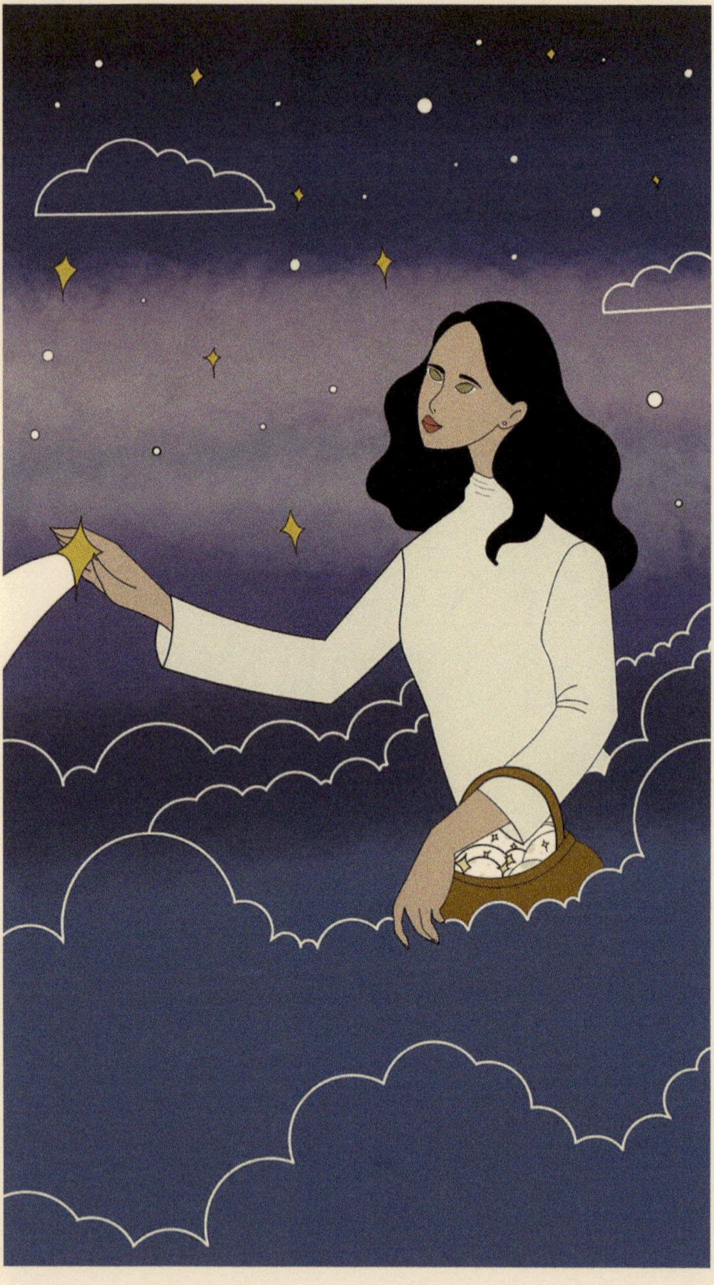

Todo processo de transformação tem início em uma disposição interior de acreditar que a mudança é possível.

Permita-se mudar, crescer e evoluir.

Que você não desacredite do processo, nem por um instante sequer. É fato: algumas áreas da sua vida podem ser completamente transformadas para melhor.

A ansiedade estrangula a nossa alma e rouba a nossa paz.

Chegamos a ficar sem fôlego com tanta ansiedade batendo à porta.

Por mais ansiosos que possamos estar, muitas situações fogem completamente do nosso controle... Por que então continuar com tamanha inquietação?

"Quem de vocês, por mais que se preocupe, pode acrescentar uma hora que seja à sua vida?"

Mateus 6:27

"Não andem ansiosos por coisa alguma, mas em tudo, pela oração e súplicas, e com ação de graças, apresentem seus pedidos a Deus. E a paz de Deus, que excede todo o entendimento, guardará os seus corações e as suas mentes em Cristo Jesus."

Filipenses 4:6,7

Uma transformação plena tem início com o desenvolvimento de um relacionamento íntegro de entrega, aceitação e confiança em Deus.

O homem que está sempre ansioso perdeu de vista a graça imensurável de Deus.

A ansiedade lança luz sobre um determinado problema ou adversidade.

A fé abrilhanta o poderio e o controle absoluto de Deus ante qualquer situação.

Desenvolva hábitos saudáveis diariamente:

Oração, meditação, reflexão, contemplação do belo e da natureza, afeição pelo silêncio interior, observação do fluxo dos pensamentos, dos sentimentos e até dos comportamentos — tudo isso pode levar a uma significativa e plena transformação.

Não se preocupe tanto assim...
Tudo passa!

Contemplar o belo ou o boleto?!
Eis aí a verdadeira questão.

Aquilo que não tem remédio, remediado está.

Remaneje sua vida. Uma transformação não se trata de um estágio espiritual elevado a ser alcançado, tampouco uma meta corpulenta a ser batida.

Transformação plena é a melhora gradativa na sua qualidade de vida, nos seus relacionamentos interpessoais e no seu relacionamento com Deus.

São pequenas, porém valorosas, porções conquistadas diariamente.

Você conhece alguém que jamais se sentiu ansioso?

É tempo de despertar, e o primeiro passo é reconhecer os mecanismos que constantemente me levam à jornada das preocupações excessivas.

Os filhos, o cônjuge, a família, as pessoas do meu convívio diário, o trabalho, o manuseio do dinheiro. Não há ensino melhor para o nosso desenvolvimento multifocal do que a vida diária.

Você, definitivamente, não precisa estar isolado num retiro para se desenvolver espiritualmente.

Uma transformação satisfatória se revela no fato de o medo não mais o paralisar.

Não tolere as muitas vozes que apontam
para o seu suposto fracasso.

Todos temos erros e acertos. Porém muitos estão habituados a enxergar os defeitos alheios.

⁂

Fácil é apontar os defeitos. Difícil
é se colocar à disposição.

⁂

Prossiga, não importa se as nuvens
anunciam tempestades...

⁂

"Quem fica observando o vento não plantará, e quem fica olhando para as nuvens não colherá."

Eclesiastes 11:14

⁂

Uma galinha está caminhando junto
a doze lindos pintinhos.

O gato está à espreita em cima do muro. A raposa, de tocaia, se prepara para atacar.

O gavião observa tudo atento, esperando o momento certo para agarrar sua presa.

Mesmo com tantos perigos, a galinha e os pintinhos seguem plenos no seu caminhar.

"Os cães ladram, e a caravana passa."
Provérbio árabe

Muitos são os desafios da jornada. Inúmeros perigos pela estrada. Mesmo assim, a vida não deixa de existir e se propagar.

"Busquei o Senhor, e ele me respondeu; livrou-me de todos os meus temores."
Salmos 34:4

Alguém poderia me dizer quem é o bendito jardineiro do meu vizinho?

É impressão minha, ou a grama do vizinho está reluzente?

Desde quando anonimato é sinônimo de fracasso?

Corajosos e intrépidos campeões passaram por esta vida sem almejar reconhecimento.

Pare de se preocupar tanto.

A vida é um contrato de risco, no entanto esse é um risco que vale a pena correr.

A perseverança é a prova de uma fé bem nutrida e alicerçada em Deus.

Por vezes esgotamos todas as nossas energias com lutas totalmente fora do contexto das nossas maiores necessidades.

A mais nobre e sensata luta do ser humano é para estar o mais próximo possível de Deus.

Onde você tem depositado as suas energias?

Parece drama, e realmente é: as lutas em que estamos envolvidos não promovem a presença e a paz de Deus em nossa alma e nosso coração.

Gastamos energia com supostas prioridades que jamais poderão preencher o vazio interior.

Sabedoria é viver uma vida para o
inteiro agrado do Senhor Deus.

※※※

Um jovem muito rico se desanimou após
seu encontro com o Senhor Jesus.

O seu coração novato estava preso às
riquezas e às posses materiais.

— Parece impossível — afirmou Pedro
— que os homens sejam salvos!

Jesus retrucou:

— O impossível para os homens é possível para Deus.

※※※

A verdadeira transformação começa
aos pés do Senhor Jesus.

※※※

Uma transformação começa sempre pela máxima:
"Eu acredito, isso é plenamente possível".

※※※

De tanto assistir ao seriado *Patrulha no aeroporto*, todas as vezes que estou viajando me sinto apreensivo, como se estivesse carregando algo ilícito nas bagagens...

Você se torna aquilo que
constantemente alimenta.

Um amigo me disse:

— Você vai viajar, vai aprender bastante coisa.

Rapidamente eu pensei: o maior aprendizado
está no ordinário, na rotina, nas pequenas
conquistas e nas situações mais comuns
e regulares que a vida possa oferecer.

Não espere até as chuvas cessarem
para amar alguém...

O amor é dinâmico e traz em si um compromisso
com o agora: é urgente e imediato.

Ame, não importam as circunstâncias.

Quando for ajudar alguém, se ficar
na dúvida entre o "muito" e o "pouco",
escolha sempre a primeira opção, e a sua
consciência não terá do que o acusar.

Atitudes saturadas de amor refletem a beleza, a grandeza e a majestade de Deus.

É a luz divina que reluz quando estendemos nossas mãos para alguém necessitado.

Você pode estar no paraíso, mas, se não encontrar sua paz de espírito, as flores murcharão e as estrelas perderão o seu brilho.

Encontre a sua paz. Perdoe-se. Perdoe quem o magoou. Acredite num futuro melhor. Reconheça as pétalas cintilantes das mais belas flores ao seu redor. E, sobretudo, confie na soberania de Deus.

Que hoje tenha início uma verdadeira transformação em sua vida.

Não lhe desejo bens, riquezas e luxo. Mas lhe desejo a prosperidade da presença de Deus em seu coração.

Que você seja rico em alegria, próspero em esperança e cheio de sabedoria, e que se desenvolva a ponto de estar simplesmente pleno, hoje, onde quer que esteja, no aqui e agora.

Você quer se apaixonar?

Você quer ser plenamente feliz?

Ou deseja ser transformado por completo?

Esqueça absolutamente tudo o que leu neste livro e compre um filhote de golden retriever.

Até a próxima jornada...

FONTE More Pro
PAPEL Pólen Natural 80 g/m²
IMPRESSÃO Meta